de coração

Que estas 100 experiências bem casadas possam ser úteis!

100 experiências bem casadas de coração

ANDRÉ BITTENCOURT

Paulinas

Dedico este livro à minha amada namorada, noiva e esposa.
A simplicidade de seu amor e de sua fé me inspirou a escrevê-lo.
Detentora de tantos predicados, o maior de todos, para mim,
é o fato de ser uma menina-mulher que ama
e respeita a Deus em sua vida.

Ana Paula – seu nome – é repleto de significado.
Ana quer dizer "cheia de graça, aquela que tem compaixão",
e Paula significa "pequenina, delicada".
Obrigado por aceitar ser a minha "Maria".
A todos aqueles que desejam ser, verdadeiramente,
espelho da Sagrada Família de Nazaré,
a exemplo de José e Maria.

Prefácio

Quando convidada a escrever este prefácio, minha primeira e maior alegria foi saber que o autor fez-me esse convite inspirado por Deus, após a comunhão, durante uma missa.

Apesar da surpresa, de imediato o aceitei – embora não fizesse ideia de como o escreveria –, no intuito de sempre dizer "sim" ao meu Deus e na certeza de que ele me conduziria.

Quando leio livros, costumo deixá-los penetrar-me e envolver-me como se eu fosse um dos personagens, buscando imaginar as cenas, para torná-los o mais real possível.

Para minha alegria e emoção, que foi inevitável nesta leitura, não foi necessário imaginar nada. Por conhecer o autor há 29 anos, eu não apenas li suas experiências, mas pude "tocá-las". Eu conseguia ouvi-lo, falando com sua forma tão enérgica, envolvente e entusiasmada.

As citações que aqui li, eu também pude, de certa forma, experimentá-las.

Recordo-me das inúmeras vezes que, ao longo dos anos, presenciei meu admirável irmão em suas lutas, alegrias, dores, descobertas, renúncias... que construíram quem ele é hoje, e que o inseriram nessas experiências aqui partilhadas.

Minha maior alegria é saber que, pela graça de Deus e pela abertura de coração do autor, hoje, essas experiências são em sua vida um Bem e que, pela fidelidade de Deus, se uniram a Ana Paula, o grande bem que faltava em sua vida.

A princípio, pensei que este livro destinar-se-ia apenas às pessoas chamadas ao matrimônio; mas, depois, percebi que ele se estende a todos os que desejam viver BEM CASADOS, incluindo assim os vocacionados à vida religiosa e que, portanto, se casaram com Cristo Jesus.

Certamente, nem todas as vivências alcançarão a todos, mas, seguramente, algumas delas gerarão vida em você, caro leitor.

Muitas me ajudaram a acordar para algo novo ou, ainda, depositaram em mim o desejo de ser nova, de mudar certas atitudes para viver um outro amanhã.

O livro fala de vida, amor, alegria, dor... Mais que um livro, são experiências vividas no corpo e na alma, o que intensifica o valor da leitura.

Desejo que o que aqui está sendo partilhado possa não só torná-lo melhor, como também servir-lhe de alimento, ajudando a dar sentido às suas próprias experiências, para que estas, unidas a Deus, também se tornem, para você, um grande bem.

Boa degustação!

Paula Bittencourt

Apresentação

Namoro e noivado santo levam a casamento feliz.

Uma experiência inesquecível de minha vida foi ter tido a honra de ser o Arcebispo de Belém do Pará, no período de dezembro de 2004 a abril de 2009, e conhecer a multiforme cultura amazônica e a grandeza espiritual da adesão à nossa fé, particularmente pela devoção à Sagrada Família: Jesus, Maria e José.

Lembro-me bem desta devoção para, de início, louvar a feliz iniciativa de André Bittencourt, que, com originalidade e leveza, nos oferece cem itinerários no sentido de viver bem a vida de namoro e mesmo de noivado para que assim haja um casamento feliz, inserido na vida comunitária das nossas comunidades eclesiais, seguindo os passos da Sagrada Família de Belém.

Quando conheci o caro amigo em Belém, em seu admirável trabalho, não imaginava que adentraria também no caminho de fortalecer o matrimônio, tão necessário nos tempos atuais.

Este livro é para ser lido, meditado, ruminado, dia a dia, e guardado o seu rico conteúdo, que, embora sintético e conclusivo, leva-nos a várias reflexões acerca da beleza da preparação para o matrimônio, que é precedido de um namoro e de um noivado bem definidos e alicerçados na Palavra de Deus, no seguimento de Jesus Cristo, na participação dos sacramentos e sacramentais e na vivência da devoção e da proteção de Maria Santíssima.

André lembra-nos que o namoro e o noivado são momentos de conhecimento mútuo de homem e de mulher, mas na dimensão da santidade, tão esquecida por este mundo que relativiza o matrimônio, destrói a família e prega o sexo sem limites.

O livro nos recorda a convocação de Bento XVI: "A santidade não perde nunca a sua força atrativa, não cai no esquecimento, não sai de moda; ao contrário, com o passar do tempo resplandece com sempre maior luminosidade, expressando a perene inclinação do homem em direção a Deus" (Visita do Santo Padre a Sulmona. Concelebração Eucarística. Homilia, 4/7/2010).

Por isso, confiando na Virgem Maria de Nazaré, padroeira da Amazônia e de todas as famílias, recomendo a leitura de *100 experiências bem casadas* e, ao cumprimentar o autor, desejo que todos os namorados e noivos, fiéis ao convite de Deus para a vida a dois, ouçam a voz da Igreja: Que seu namoro seja santo! Que seu noivado seja santo!

Que seu casamento seja escola de santidade! A santidade não cai de moda e este livro nos aponta a ela!

Dom Orani João Tempesta, O. Cist.
Arcebispo Metropolitano
de São Sebastião do Rio de Janeiro – RJ

Introdução

A inspiração deste livro veio como o raiar de um novo dia...

Acordei, às 4 horas da manhã, com uma ideia pulsando em meu coração: homenagear minha noiva no dia de nosso casamento. Sentei para, "rapidamente", escrever algumas simples frases de amor.

À medida que eu ia escrevendo, várias frases soltas começaram a surgir ao mesmo tempo, como se todas fizessem parte de um único conjunto, experiências vividas por nós dois desde a fase de namoro e durante o noivado, e acredito que podem servir como sugestões a casais cristãos que se preparam para o feliz casamento.

Passados alguns dias, partilhei o que havia escrito com minha noiva e concordamos em fazer um livro para ser distribuído a todos os convidados do nosso casamento, em vez dos tradicionais doces "bem-casados". Assim, ao mesmo tempo que os presentearíamos com algo diferente, seria uma forma de evangelizar, sugerindo reflexões e atitudes para amadurecer uma relação a dois. Nascia, então, o livro *100 experiências bem casadas*.

Certa vez, um amigo bombeiro me disse que, quando a corporação adquire um equipamento de salvamento – desde o aparato mais simples e barato ao mais sofisticado e caro –, não importa o quanto tiver sido investido: quando este equipamento salvar a primeira vida, a corporação o considera totalmente pago.

Tenho consciência de que nem tudo o que neste livro está escrito será válido para todos os casais que se preparam para o matrimônio, mas, se pelo menos uma das experiências ajudar a fazer a vida de uma família mais feliz, já podemos dizer, a exemplo da sabedoria dos bombeiros, que este livro valeu ser escrito.

André Bittencourt
Engenheiro civil, pós-graduado em
gestão em organizações do terceiro setor.
Cursou Teologia na Faculdade Claretiana (SP).

A verdadeira vida matrimonial é recheada de pequenos e simples momentos, que de tão simples e pequenos, tornam-se grandes e profundos. A vida é simples. O homem é quem a complica e a torna difícil. Para ser feliz, o casal não precisa de muita coisa, nem de coisas muito grandes. Apenas carinho, respeito, atenção, doação, perdão e vida de oração. É nisto que consiste o amor dos esposos. É isto que agrada a Deus, o Autor do matrimônio. Vivam na prática o que está neste livro e serão felizes, vocês, os seus filhos e todos aqueles com quem vocês conviverem.

João Bosco Gomes
Fundador e moderador geral da
Comunidade Família de Nazaré

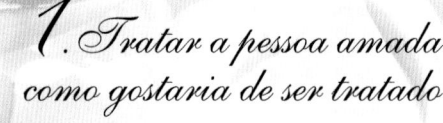

1. Tratar a pessoa amada como gostaria de ser tratado

Este é o princípio essencial de um relacionamento, a exemplo do primeiro mandamento da lei de Deus: "Ama a Deus sobre todas as coisas e ao próximo como a ti mesmo".

2. Conversar, conversar, conversar...

Como é bom ter ao nosso lado uma pessoa
com quem podemos partilhar sonhos,
perspectivas de vida,
e, assim, descobrir que consideramos
os mesmos valores essenciais.

3. Criar oportunidades para alimentar a alma

É muito saudável, para o fortalecimento do amor, viver momentos de aprofundamento espiritual, por meio da participação em grupos de oração, instantes de adoração, retiros etc.

4. Frequentar a Igreja

Ir juntos, todos os domingos, à Santa Missa, é uma forma de cultivar as riquezas que serão o alicerce da família e dos filhos.

5. Orar antes de agir

A Palavra de Deus e os dons do Espírito Santo
são tão fundamentais para a nossa vida
quanto a firmeza nos momentos difíceis,
o discernimento na tomada de decisões
e a sabedoria na hora de agir.
É importante rezar juntos e um pelo outro,
mesmo se estiverem fisicamente distantes,
quando os recursos virtuais podem ajudar bastante.
Casal que reza unido permanece unido.

6. Cultivar boas amizades

As escolhas de convivência fraterna
influenciam em nossas decisões
e em nossos comportamentos.
Por isso, é importante
procurarmos nos relacionar
com pessoas que cultivem valores
que geram vida.

7. Participar de palestras que reafirmam virtudes

Como é maravilhoso abrir o coração e os ouvidos
para acolher testemunhos e mensagens
que nos direcionam à santidade e nos aproximam do céu!

8. Ter sempre palavras de carinho

A conquista começa pela palavra
e pela expressão dos sentimentos.
A amorosidade
é combustível essencial
para a relação.

9. Elogiar

É sinal de gentileza prestar atenção
aos detalhes físicos e emocionais da pessoa amada.
Afinal, quem não gosta de receber um elogio?

10. Saber escutar

Escutar com atenção requer silêncio e observação
para perceber o dom do outro
que será compartilhado com você.

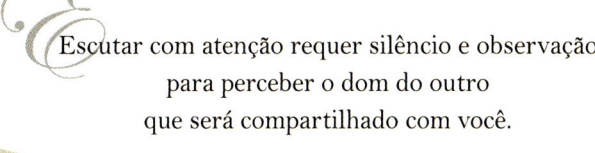

11. Olhar nos olhos

É importante conhecer as atitudes, os comportamentos,
os vícios, as manias ou os defeitos que mais incomodam
ou contrariam a pessoa que você ama, assim como
expressar aquilo que mais lhe desagrada nela.
O tempo do namoro permite reparar, corrigir
e melhorar o que for possível,
a fim de encontrar um nível suportável
para a futura vida a dois.

12. Ser quem você é

O outro precisa conhecê-lo como de fato você é – com seus medos, dificuldades, desafios e preocupações. Para conviver bem, é necessário haver total transparência e autenticidade.

13. Amar a essência

É fundamental amar a essência da pessoa,
e não sua aparência física.
Um dia, a emoção passa,
o sentimento pode até enfraquecer e ficar sem sabor,
mas o que essa pessoa de fato é,
sua essência, seus valores e propósitos,
isso nunca perde o significado.

14. Comungar, sempre que possível

É uma grande bênção para o casal,
desde a fase do namoro, receber, sempre que possível,
Jesus Eucarístico na missa semanal,
para proteger-se das ciladas do mundo.

15. Visitar livrarias cristãs

É uma terapia escolher e mergulhar
em livros de conteúdo profundo,
reflexivo e transformador,
e, ainda, presentear as pessoas com
artigos que evangelizam.

16. Exercitar a moderação

A prudência nos gastos, até nos momentos de lazer,
é fundamental para gerar autoconsciência
e aprendizado sobre controle e renúncia.

17. Saber divertir-se

Divertir-se não significa distrair-se de Jesus,
esquecendo sua companhia,
mas sim alegrar-se juntamente com ele.
Quando surgir a oportunidade de uma viagem,
aproveitem para conviver com amigos, familiares,
e viver momentos agradáveis e cristãos.

18. Eternizar os bons momentos

É prazeroso marcar a história do casal
com fotos e músicas,
pois, ao revê-las ou escutá-las,
revivem-se os momentos especiais,
como forma de alimentar o amor.

19. Praticar o idioma "nenenês"

Faz parte do jeito dengoso de cativar a atenção e o afeto
usar a linguagem dos bebês para falar
com a pessoa que se ama.

20. Construir a identidade conjugal

É extremamente saudável buscar
referências que agregam valor
e que contribuem para o nosso relacionamento.
Porém, mais importante ainda
é o casal construir a própria identidade,
deixando sua marca especial e única.

21. Demonstrar afeto

É bom ter frases que traduzam os sentimentos de amor de um para com o outro, como, por exemplo, despedir-se dizendo: "Te amo pra sempre!".

22. Assumir as gafes

A espontaneidade, própria das gafes,
traz leveza e descontração para o casal.

23. Conhecer o pior e o melhor do outro

Não devemos amar aquilo que projetamos,
mas quem, de fato, a pessoa é,
conhecê-la e acolhê-la com seus defeitos e virtudes,
para assim amá-la verdadeiramente.

24. Estabelecer e respeitar limites

É fundamental estabelecer e respeitar
os limites do outro,
tanto quanto manifestar, sem medo,
à pessoa que se ama aquilo que o incomoda.

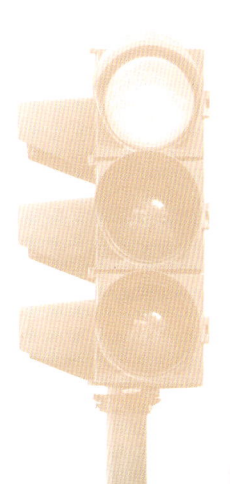

25. Sorrir

Além de tornar o ambiente mais leve e agradável, o sorriso traz saúde e alegria.

26. Ser o melhor amigo um do outro

Como é bom encontrar em quem se ama
o nosso melhor amigo,
aquele com quem partilhamos o
que temos de mais íntimo.

27. Deixar de lado o orgulho

Renunciar ao orgulho
na hora da reconciliação
é fundamental
para exercitar a serenidade
e para que haja maior harmonia
no relacionamento.

28. Preservar segredos

É importante ter cuidado com os comentários que se faz a terceiros sobre a vida do casal. Privacidade é fundamental!

29. Confessar-se

O sacramento da Reconciliação é essencial
na caminhada para uma vida virtuosa
e para aliviar as mágoas acumuladas.
É uma forma de recomeçar,
ter uma nova chance, ser melhor dali em diante.

30. Perdoar

Pedir perdão e perdoar são as formas mais eficazes
de desfazer ressentimentos e revigorar o amor.
Quando necessário, não deve ser adiado,
mas é preciso que aconteça o mais breve possível.

31. Purificar a vida

É bom ter água benta em casa,
para ser aspergida a fim de que,
complementada pela oração,
purifique o ambiente e o nosso interior.
A água é sinal de vida, libertação e purificação.

32. Ajustar as finanças

Considerando a preparação para a nova vida,
é ideal quitar as pendências financeiras que foram
contraídas no passado.
Caso não haja condições imediatas,
a renegociação é uma alternativa para a
positivação do nome
e para que o testemunho cristão
seja ainda mais coerente.

33. Deletar o passado

Vale a pena excluir contas de e-mails
da lista de contatos de sites de relacionamentos,
bem como telefones de ex-namorado(a)s
ou de pessoas que nutrem
segundas intenções com respeito a você.
Em algum momento isso pode prejudicar sua relação,
causando intrigas, ciúmes ou, ainda, provocar ilusões.

34. Fazer faxina nas recordações

Nesse novo tempo, já não faz sentido
guardar certos presentes que recuperam memórias
e remetem a relacionamentos passados,
tais como roupas, fotos, cartas, perfumes, dentre outros.

35. Evitar contatos com o/a "ex"

É bom evitar contatos próximos e/ou frequentes
com ex-namorado(a)s,
mesmo que a pessoa tenha se tornado sua amiga.
Isso é uma prova de carinho e respeito à pessoa amada,
principalmente na sua ausência.

36. Respeitar

É fundamental o respeito
para iniciar um relacionamento conjugal
com solidez.

37. Compreender a liberdade

É na compreensão da liberdade do outro que ocorre a frutificação do relacionamento.

38. Ter compaixão

É importante colocar-se no lugar da outra pessoa, estar junto no momento em que ela estiver precisando.

39. Ser companheiro

É sensacional usufruir de uma companhia agradável
nos ambientes sociais e familiares.
No livro do Gênesis, o fato de Deus retirar
a mulher da costela do homem
quer dizer que ela deve viver ao lado dele,
como companheira;
e o homem, por sua vez, no exercício da caminhada,
deve ser zeloso, atencioso e carinhoso com sua mulher.

40. Exercitar a cumplicidade

Na vida a dois, considerar a opinião
e dar atenção ao outro enriquece o relacionamento.
O exercício da cumplicidade
inclui também dar satisfações
quanto ao lugar onde cada um se encontra,
o tempo de duração de determinada atividade etc.
É chegada a hora de trocar o pronome "eu", no singular,
pelo "nós", no plural.

41. Oferecer conforto na solidão

É confortante ter a presença de quem se ama
nos momentos em que nos sentimos sós,
mesmo que seja apenas
para ficar ao nosso lado.

42. Ser par, mesmo sendo ímpar

É bom que as pessoas
percebam no casal
a extensão adequada,
o complemento um do outro.

43. Chorar juntos

Chorar liberta!
Como é bom descobrir, juntos,
o mistério das lágrimas que curam na dor e na alegria.

44. Acolher o desabafo

Estar disponível
quando a pessoa precisar desabafar,
acolhendo-a na dificuldade.

45. Ser paciente

É necessário aprender a exercitar a paciência,
pois será útil nos momentos de fragilidade do casal.

46. Surpreender

Surpreender, exercitar o romantismo,
fazer da conquista um hábito constante,
é sempre renovador.
Dê seus recadinhos de vez em quando!

47. Ajudar, como Cirineu

Durante a caminhada da vida a dois,
faz-se necessário conhecer a cruz do outro,
pois, eventualmente, como o Cirineu,
deveremos ajudar a carregá-la.

48. Prestigiar

Reconhecimento e atenção
são fundamentais
em qualquer relacionamento.
Por isso, é importante esforçar-se
para prestigiar e valorizar
a atividade pessoal ou profissional
do outro, sempre que possível.

49. Sentir gratidão

Pequenos gestos superam muitos obstáculos.
Em cada etapa significativa cumprida,
ou em cada meta da vida a dois alcançada,
é interessante fazer uma oração de gratidão.
Poucos são os que se lembram de agradecer a Deus
pelas graças recebidas.

50. Ressuscitar sonhos

É gratificante ter ao nosso lado
alguém que incentive e reavive nossos sonhos,
despertando-nos para os nossos projetos mais íntimos.

51. Cuidar da saúde

A forma como a pessoa amada
cuida do próprio corpo e da saúde
pode ser um reflexo de como tratará você,
já que constituirão uma só carne.
Aparência não é tudo,
mas é importante zelar pelo corpo,
que é templo do Espírito Santo.
Isso também fará com que a satisfação do casal
seja sempre mantida.

52. Fazer compras juntos

Uma simples tarefa, como ir ao supermercado juntos, pode ser uma oportunidade de aprendizado. Além de um conhecer ainda mais o gosto do outro, coisas interessantes são reveladas nesses momentos.

53. Ir ao shopping juntos

Perceber como o outro lida com os impulsos, as ofertas e, também, descobrir suas preferências é interessante para o casal que deseja constituir uma família.

54. Lembrar da pessoa quando distante

Mesmo que o outro esteja longe fisicamente, é bom se lembrar dele com respeito e carinho, para deixar que a saudade o faça presente.

55. Descobrir o prazer da castidade

Sacrificar-se por amor e respeito a Deus,
renunciar ao prazer maior da carne
e seguir esta prática será fundamental
para evitar ilusões e desilusões.
Antes do matrimônio,
deve-se valorizar o conhecimento do que o outro é,
sem se precipitar. Coragem!

56. Glorificar a Deus em tudo

Entregar-se, confiar e aceitar
a permissão e/ou a vontade de Deus
é divinamente sensacional!
Aconteça o que acontecer,
devemos glorificar a Deus,
tendo um coração grato pela vida
com que ele nos presenteia.

57. Ter um propósito em comum

O casal precisa definir
um projeto de vida familiar,
refletindo acerca de sua missão,
de seus objetivos,
de seus valores e de suas metas.

58. Querer seguir o exemplo da Família de Nazaré

Como é grandioso ter como inspiração
a Sagrada Família,
buscando os traços de Jesus,
José e de nossa Mãe Maria.

59. Manter Cristo no centro

O principal aliado do relacionamento
é Cristo, vivo e presente,
submetendo tudo a seu olhar,
deixando-o conduzir e ordenar
nossos atos, para que, assim,
possamos refleti-lo
em nossos gestos e palavras.

60. Servir em comunidade

Oferecer nossos dons e talentos
a serviço da comunidade
é uma prática que cultiva na alma
a importância da partilha e de ser família,
mesmo entre pessoas que não têm o mesmo sangue.
É experimentar o sangue de Cristo
em comunhão, a serviço do próximo.

61. Exercitar a gentileza

Ser gentil é expressar cordialidade.
Palavras amorosas e gentis
animam o coração
tanto de quem as recebe
quanto de quem as oferece.

62. Não estressar

Em momentos de estresse, é interessante proclamar interiormente frases que proporcionem serenidade, como, por exemplo, "Jesus, eu confio em vós".

63. Perseverar

Vigiar e orar sempre,
para vencer as tribulações que almejam separá-los.

64. Superar as horas difíceis

É importante perceber
como o outro lida com situações difíceis,
pois, certamente, muitas dificuldades
surgirão ao longo da vida,
e é preciso aprender a agir com equilíbrio
e sabedoria nesses momentos.

65. Dar atenção nas aflições

É restaurador quando estamos angustiados,
inquietos ou preocupados,
e a pessoa amada tem a sensibilidade de perceber,
em nossos olhos e gestos,
um pedido indireto de ajuda e colo.

66. Ter misericórdia

Quando a pessoa amada encontrar-se
desesperada, angustiada,
cabe ao outro ser misericordioso com ela.

67. Ter piedade

Nos momentos de queda ou fraqueza
de algum membro da família,
é importante o exercício da piedade,
ao invés do julgamento e da crítica.

68. Adoecer ao lado

Receber cuidados, ter quem se ama por perto,
é reconfortante e auxilia em nosso restabelecimento.

69. Celebrar aniversários com missa

Nada como comemorar e agradecer o dom da vida
com uma missa em ação de graças,
antes da festa de aniversário.
Após o casamento,
esta prática poderá ser feita, anualmente,
também para celebrar o aniversário de casamento.

70. Ser fiel

A fidelidade
deve ser nossa aliada
no caminho da felicidade
e da salvação.

71. Ser verdadeiro um com o outro

A verdade é sempre o melhor caminho.
Ela liberta, amadurece e fortalece a união.

72. Simplicidade

O exercício da simplicidade,
do desapego às coisas materiais mais sofisticadas
e de maior valor agregado, como, por exemplo,
ao escolher um prato de comida,
faz com que, no futuro, não se exijam
ostentações e excessos.

73. Viver na fé, na esperança e no amor

A renovação da vida a dois
virá com a fé e a constância da oração
e, também, com a feliz espera da vontade de Deus,
na certeza do seu infinito e eterno amor.
Mas a maior virtude de todas é o exercício da caridade,
do amor gratuito ao outro.

74. Escutar as sogras

Solicitar a opinião das sogras,
no período que antecede o casamento,
é uma forma de valorizá-las.
A colaboração delas pode render bons frutos.

75. Passar o Natal em família

Antes de casar,
estar com a família da pessoa amada na noite de Natal
é uma forma de conviver e saber como
eles celebram o espírito natalino.

76. Conhecer os parentes

Conhecer os parentes é fundamental,
pois casamos com a família também.
É preciso amar as pessoas que são
importantes e amadas pelo outro.

77. Estar presente nos momentos delicados

Em caso de luto ou acidente na família da pessoa amada, cabe ao parceiro ser solidário e participar desse momento.

78. Ser disponível para ajudar

É uma atitude nobre disponibilizar habilidades e competências profissionais a serviço de eventuais necessidades dos familiares da pessoa amada, sem esperar nada em troca.
Mas não se deve deixar que isso fique somente na intenção.
Vontade sem ação é o mesmo que nada.

79. Abençoar as alianças

Desde o noivado, é interessante solicitar a um padre que abençoe as alianças do casal.

80. Promover um chá de panela

Vale a pena a iniciativa de reunir as pessoas próximas ao casal, e, assim, também perceber os que prestigiam e se alegram com esse momento. Pode-se aproveitar para evangelizar em família e com os amigos, por meio do testemunho do amor entre os dois.

81. Ler revistas a dois

No período do noivado,
é agradável adquirir revistas de noivos,
bem como trocar ideias sobre os trajes
a serem usados no casamento,
o bolo, os detalhes da decoração,
a mensagem do convite etc.

82. Realizar o curso de noivos

O curso de noivos é uma ótima oportunidade
para conhecer e refletir
acerca das recomendações da Igreja
e dos ensinamentos partilhados por
casais mais experientes.
É importante procurar uma paróquia
meses antes do casamento
para realizar o curso.

83. Conhecer os métodos naturais de planejamento familiar

Existem alguns métodos naturais de planejamento familiar recomendados pela Igreja Católica, como, por exemplo, o da tabelinha (método do calendário), o da temperatura basal (comportamental) e o da ovulação natural (Billings). É importante conhecê-los e conversar sobre eles para exercitar a paternidade de forma responsável.

84. Programar-se para um checkup

Antes do casamento, é muito apropriado
realizar consultas com médicos, como, por exemplo,
ginecologista, urologista e clínico geral,
e também com o dentista,
para uma avaliação completa.

85. Contratar um plano de saúde

É adequado, antes do casamento,
contratar um plano de saúde,
e que este plano inclua a obstetrícia.
É sempre bom prevenir-se.

86. Elaborar um planejamento financeiro

É fundamental elaborar uma planilha para antever
as receitas e despesas que o casal terá,
não só com a preparação do casamento,
mas também na vida a dois,
definindo responsabilidades, prevendo investimentos
e, também, a oferta do dízimo.

87. Concentrar-se mais na Igreja do que na festa

A celebração matrimonial deve ser prioridade para o casal. Por isso, convém escolher leituras e músicas liturgicamente adequadas.

88. Escolher um padre amigo

É muito bom poder contar
com um padre que mantenha
amizade com o casal
para presidir a
celebração matrimonial.

89. Escolher os padrinhos adequados

Os padrinhos serão aqueles que auxiliarão o casal
nos momentos alegres ou difíceis,
devendo, portanto, ser pessoas
comprometidas com a Igreja
e com os seus valores.

90. Sonhar com a lua de mel

É prazeroso que ambos os noivos sonhem juntos com o local da consumação do amor.

91. Cuidar dos detalhes

Os detalhes do casamento,
desde o convite até os brindes,
devem expressar o estilo do casal e deixar
marcas de amor nos convidados.

92. Celebrar a despedida de solteiro com fidelidade

É necessário cuidar para que a despedida seja celebrada com valores que traduzam o amor vivido pelo casal e, sobretudo, com fidelidade.

93. Refletir sobre os recursos financeiros

É importante não criar uma grande expectativa de receber valores materiais de algum membro da família do cônjuge.
O ideal é ser realista e contar com os recursos próprios, do casal.

94. Confiar na Providência divina

A fidelidade de Deus
não faltará àqueles que mantiverem
a feliz esperança nele.

95. Ajudar a perseverar

Se um dos dois perder, por exemplo,
o emprego, as perspectivas, ou desanimar,
certamente, precisará da compreensão
e da força do outro para perseverar.

96. Preparar-se para o "enfim sós!"

É necessário programar-se para comprar ou alugar o imóvel onde será formado o lar da nova família.

97. Santificar-se mutuamente

Que os cônjuges ajudem um ao outro a amar,
a ser melhor, a cumprir a vontade Deus,
sendo canal de graça e ajudando a conquistar
os maiores prêmios do ser humano:
a santificação e o céu.

98. Almejar as bodas de ouro

Como recém-casados,
é enriquecedor almejar a celebração da missa
em ação de graças aos cinquenta anos de casados
como sentido de eternidade.
O casamento é uma longa estrada
cujo fim é a eternidade.

99. Saber que Deus está no comando!

"Depois disto, que nos resta a dizer?
Se Deus está conosco, quem estará contra nós?
Quem não poupou o seu próprio Filho
e o entregou por todos nós,
como não nos haverá de agraciar
em tudo junto com ele?
Quem nos separará do amor de Cristo?
A tribulação, a angústia, a perseguição,
a fome, a nudez, os perigos, a espada?

Mas em tudo isto somos mais que vencedores,
graças àquele que nos amou.
Pois estou convencido de que nem a morte nem a vida,
nem os anjos nem os principados,
nem o presente nem o futuro,
nem os poderes, nem a altura, nem a profundeza,
nem qualquer outra criatura poderá
nos separar do amor de Deus,
manifestado em Cristo Jesus, nosso Senhor."
(Rm 8,31-39)

100. Servir ao outro com amor

Acreditem: o casamento consiste, primeiramente, em fazer o outro feliz, na beleza da doação e da complementaridade!

Dados Internacionais de Catalogação na Publicação (CIP)
(Câmara Brasileira do Livro, SP, Brasil)

Bittencourt, André
  100 experiências bem casadas / André Bittencourt. – São Paulo : Paulinas, 2012. – (Coleção de coração)

  ISBN 978-85-356-3155-5

  1. Pensamentos   2. Vida cristã   I. Título.

12-05041   CDD-248.4

Índice para catálogo sistemático:

1. Pensamentos : Vida cristã : Cristianismo   248.4

Direção-geral: *Bernadete Boff*

Editora responsável: *Andréia Schweitzer*

Copidesque: *Ana Cecilia Mari*

Coordenação de revisão: *Marina Mendonça*

Revisão: *Sandra Sinzato*

Gerente de produção: *Felício Calegaro Neto*

Assistente de arte: *Ana Karina Rodrigues Caetano*

Projeto gráfico: *Telma Custódio*

1ª edição – 2012

2ª reimpressão – 2018

Nenhuma parte desta obra poderá ser reproduzida ou transmitida por qualquer forma e/ou quaisquer meios (eletrônico ou mecânico, incluindo fotocópia e gravação) ou arquivada em qualquer sistema ou banco de dados sem permissão escrita da Editora. Direitos reservados.

Paulinas
Rua Dona Inácia Uchoa, 62
04110-020 – São Paulo – SP (Brasil) – Tel.: (11) 2125-3500
http://www.paulinas.org.br – editora@paulinas.com.br
Telemarketing e SAC: 0800-7010081
© Pia Sociedade Filhas de São Paulo – São Paulo, 2012

Dados Internacionais de Catalogação na Publicação (CIP)
(Câmara Brasileira do Livro, SP, Brasil)

Rossi, Luiz Alexandre Solano
  100 atitudes para ser feliz / Luiz Alexandre Solano Rossi. – São Paulo : Paulinas, 2014. – (Coleção de coração)

  ISBN 978-85-356-3777-9

  1. Felicidade - Citações, máximas etc. I. Título. II. Série.

14-04849   CDD-808.882

Índice para catálogo sistemático:

1. Felicidade : Citações : Coletâneas : Literatura 808.882
2. Felicidade : Máximas : Coletâneas : Literatura 808.882

Direção-geral: *Bernadete Boff*

Editora responsável: *Andréia Schweitzer*

Copidesque: *Ana Cecilia Mari*

Coordenação de revisão: *Marina Mendonça*

Revisão: *Patrícia Hehs e Sandra Sinzato*

Gerente de produção: *Felício Calegaro Neto*

Produção de arte: *Manuel Rebelato Miramontes*

1ª edição – 2014

Nenhuma parte desta obra poderá ser reproduzida ou transmitida por qualquer forma e/ou quaisquer meios (eletrônico ou mecânico, incluindo fotocópia e gravação) ou arquivada em qualquer sistema ou banco de dados sem permissão escrita da Editora. Direitos reservados.

Paulinas
Rua Dona Inácia Uchoa, 62
04110-020 – São Paulo – SP (Brasil) – Tel.: (11) 2125-3500
http://www.paulinas.org.br – editora@paulinas.com.br
Telemarketing e SAC: 0800-7010081
© Pia Sociedade Filhas de São Paulo – São Paulo, 2014

100

Acredite na fidelidade do Senhor
e agradeça pelas promessas cumpridas.